Martin Gerlach

Die Perle

Für Juwelengold und Silberarbeiter

Martin Gerlach
Die Perle
Für Juwelengold und Silberarbeiter
ISBN/EAN: 9783743366565

Hergestellt in Europa, USA, Kanada, Australien, Japan

Cover: Foto ©Andreas Hilbeck / pixelio.de

Weitere Bücher finden Sie auf **www.hansebooks.com**

La Perle. Die Perle. The Pearl.

La Perle. Die Perle. The Pearl.

La Perle.   Die Perle.   The Pearl.

La Perle.   Die Perle.   The Pearl.

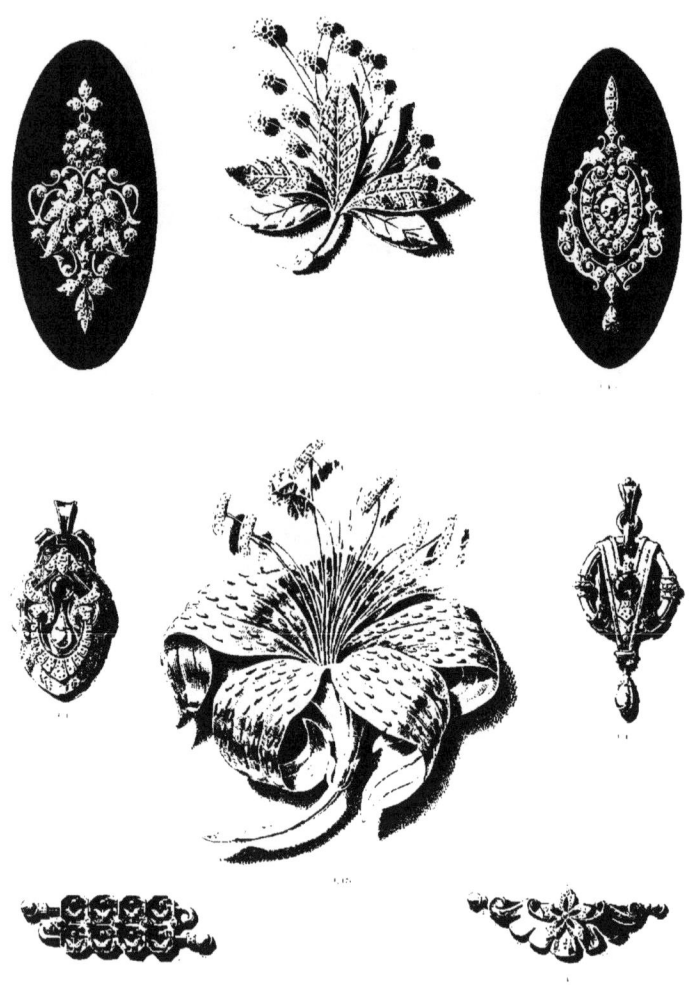

Die Perle. La Perle.

La Perle. Die Perle. The Pearl.

La Perle.   Die Perle.   The Pearl.

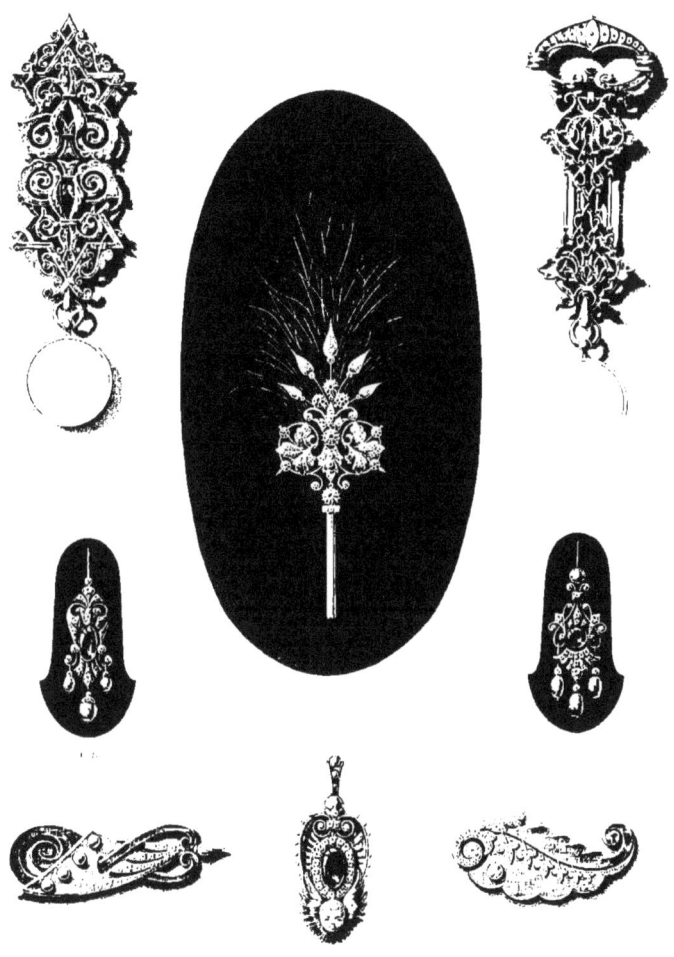

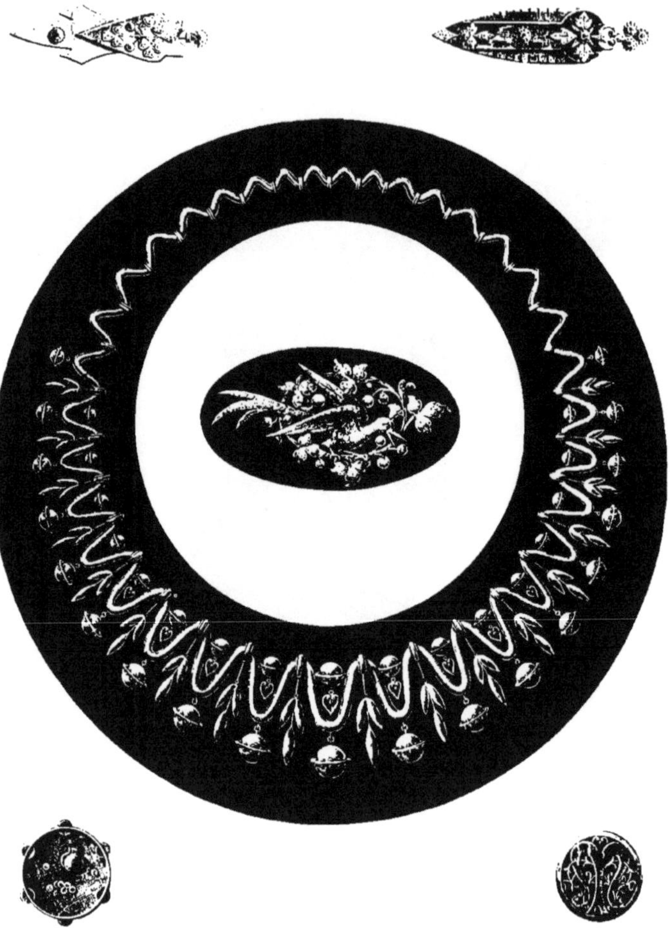

La Perle.   Die Perle.   The Pearl.

La Perle. Die Perle. The Pearl.

La Perle.   Die Perle.   The Pearl.

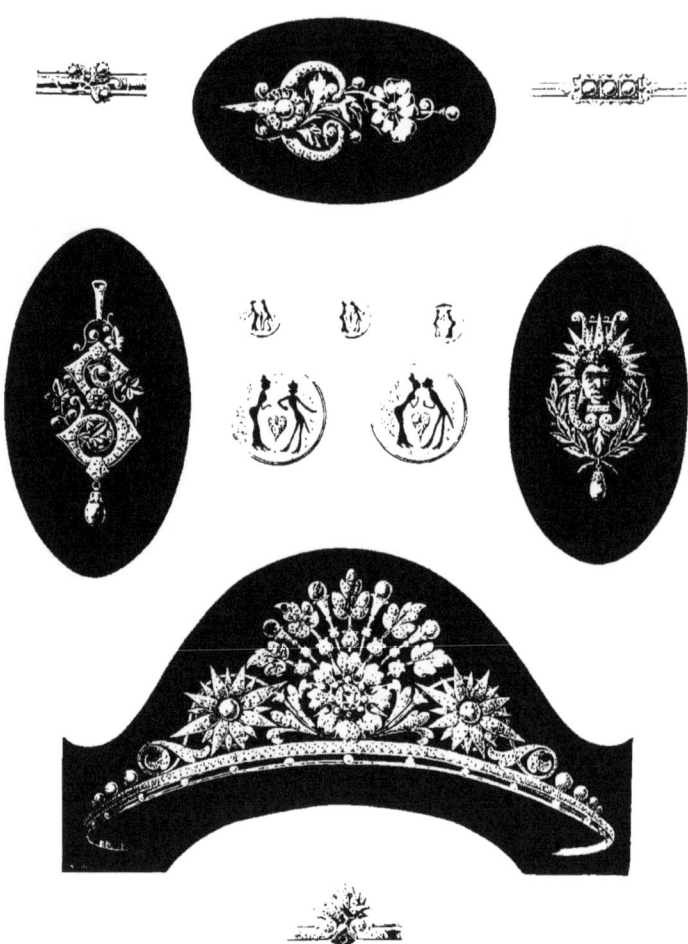

La Perle.   Die Perle.   The Pearl.

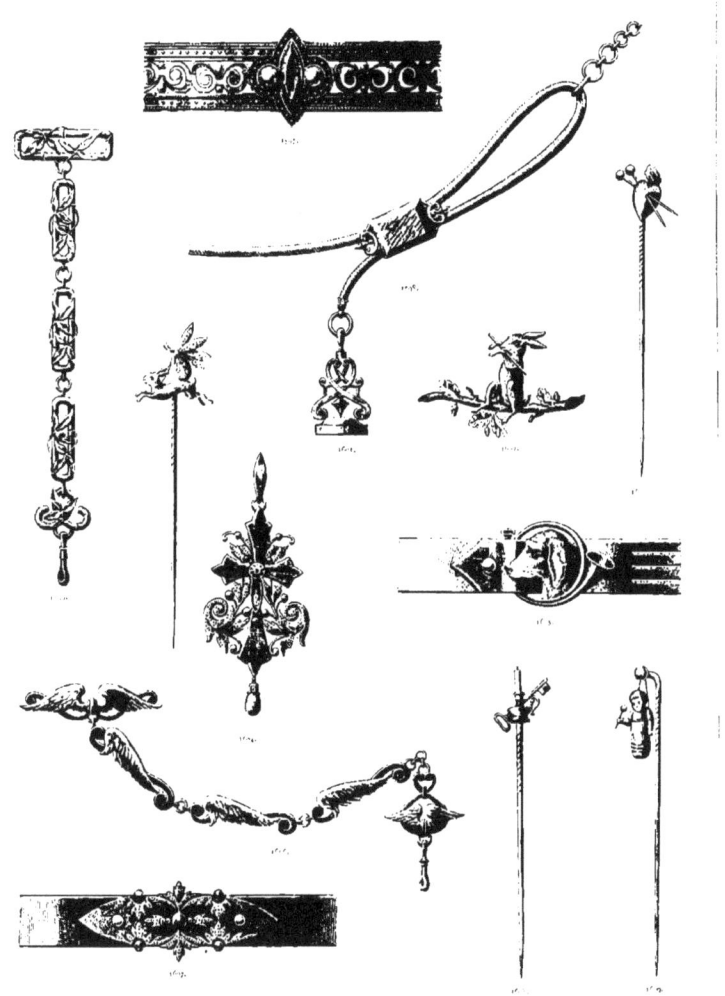

La Perle.   Die Perle.   The Pearl.

La Perle.   Die Perle.   The Pearl.

La Perle.   Die Perle.   The Pearl.

La Perle.   Die Perle.   The Pearl.

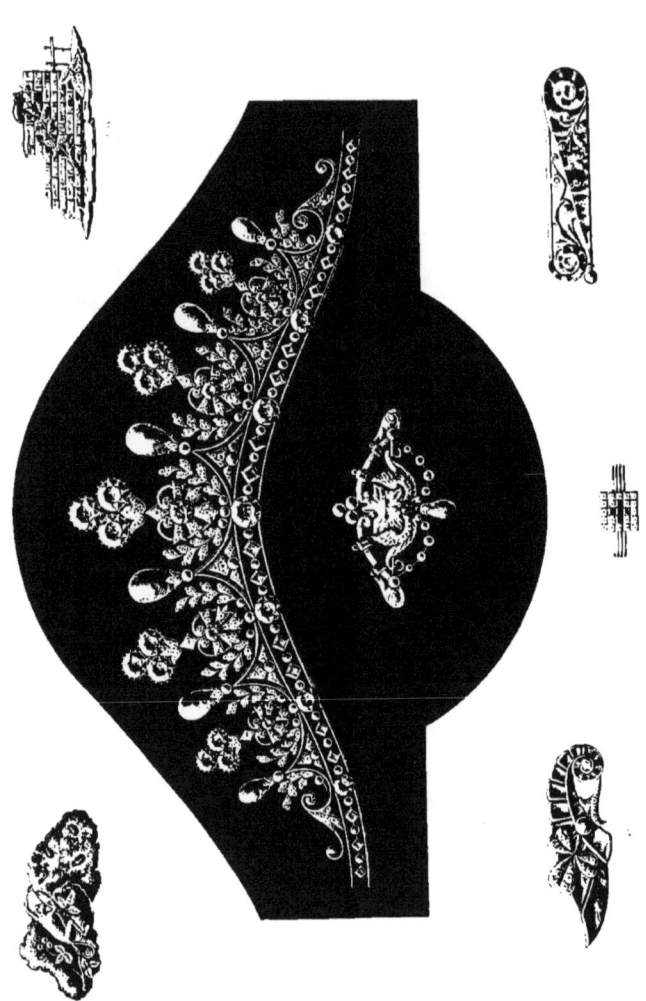

Die Perle. The Pearl. La Perle.

La Perle.   Die Perle.   The Pearl.

La Perle. Die Perle. The Pearl.

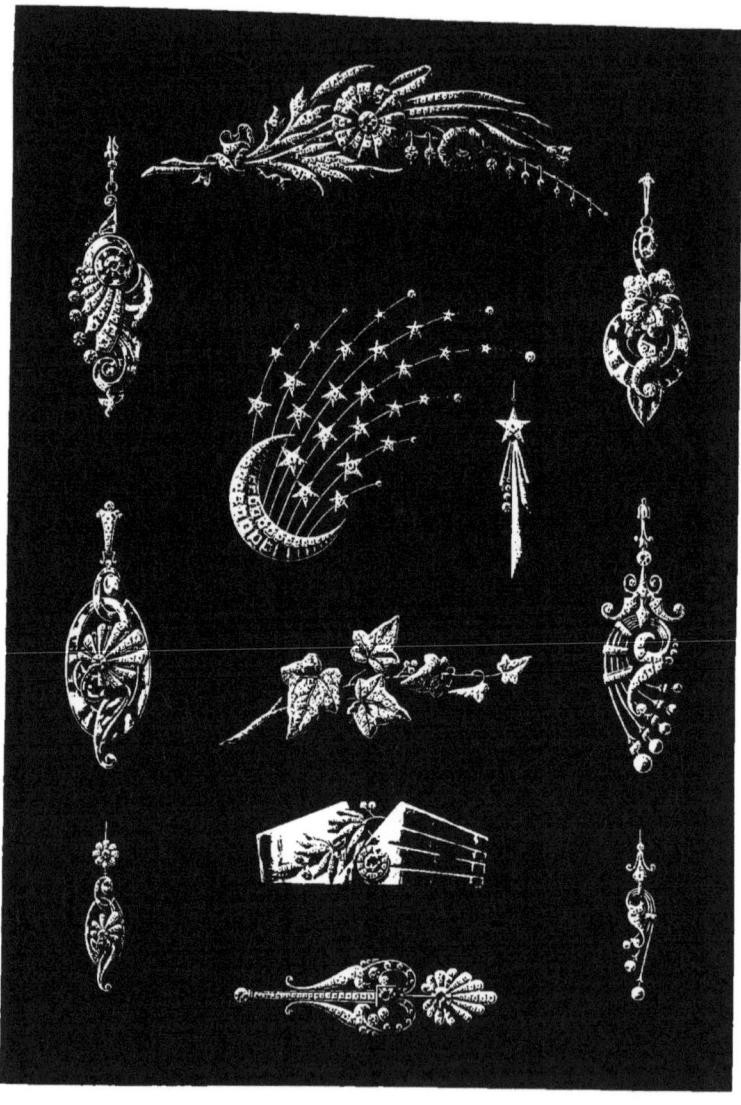

La Perle.   Die Perle.   The Pearl.

La Perle.   Die Perle.   The Pearl.

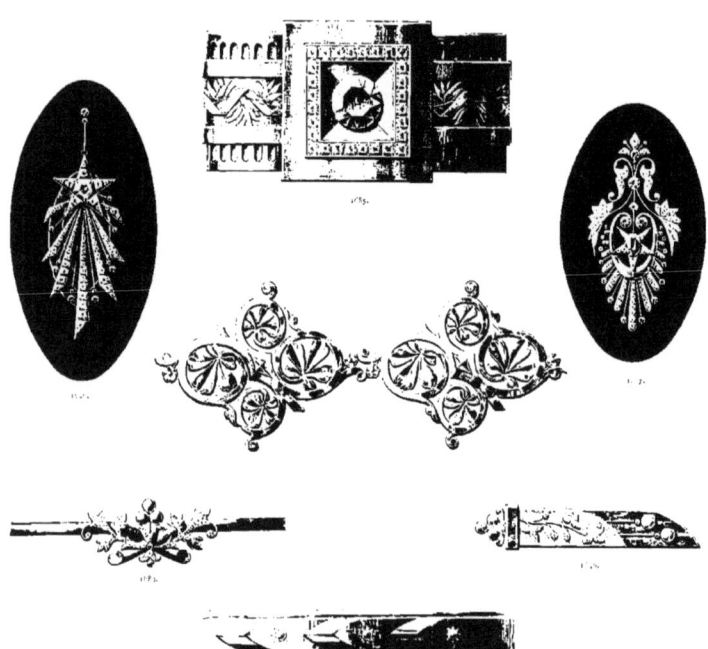

La Perle. Die Perle. The Pearl.

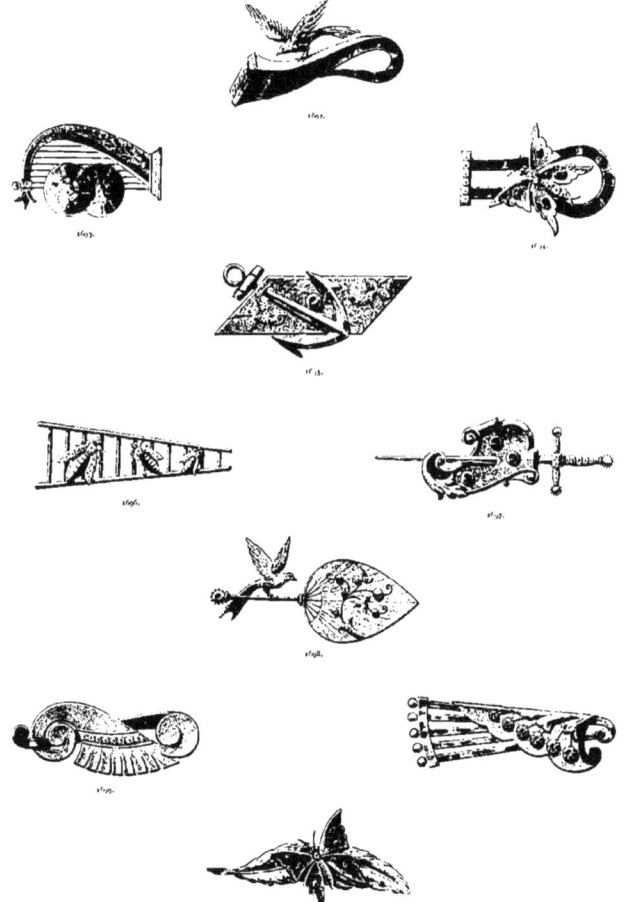

La Perle.   Die Perle.   The Pearl.

La Perle.   Die Perle.   The Pearl.

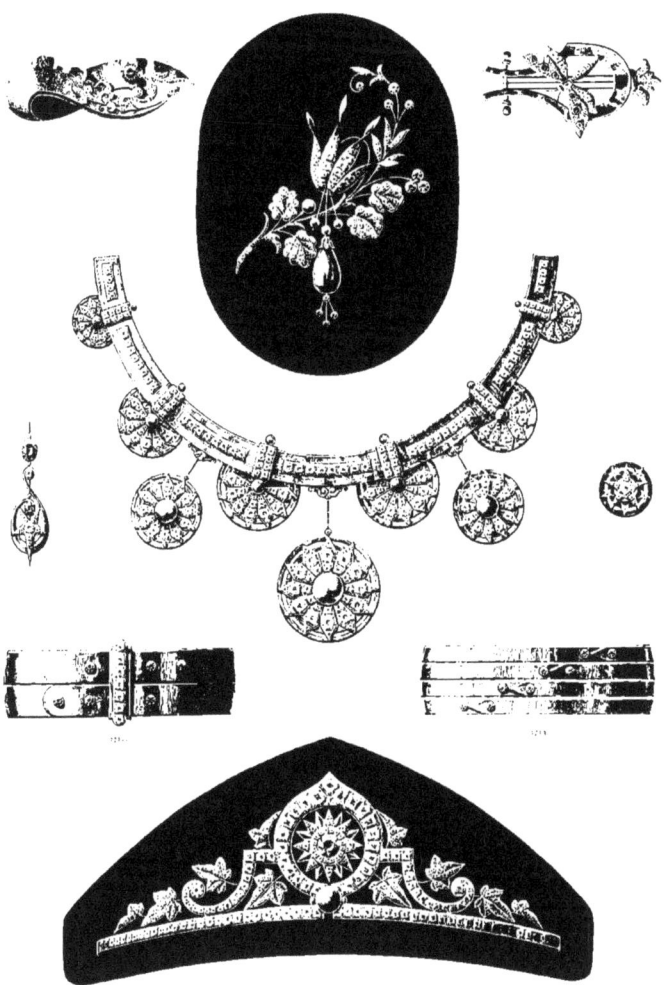

La Perle.   Die Perle.   The Pearl.

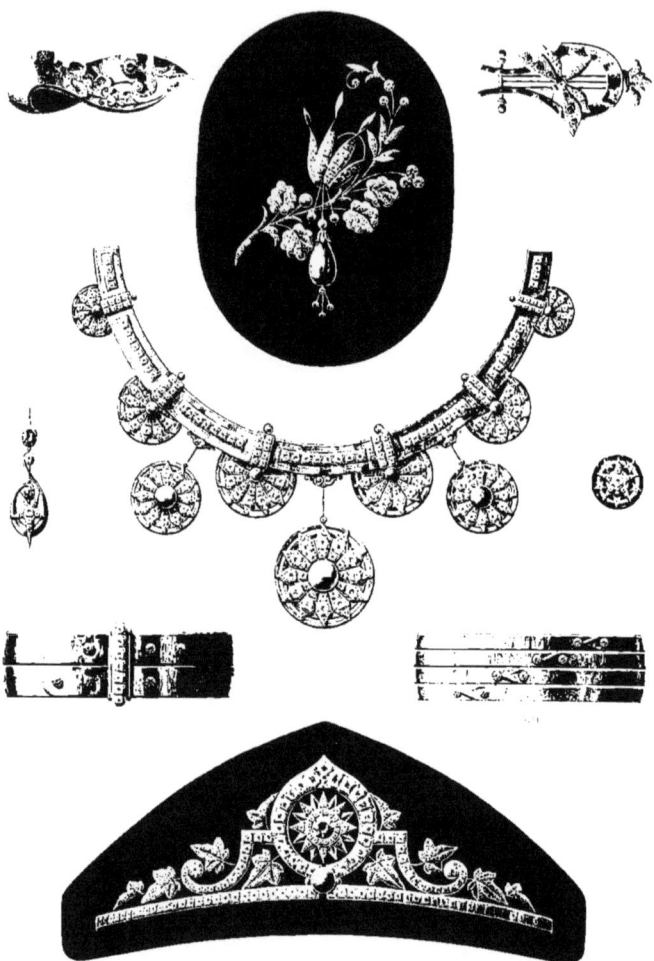

La Perle.   Die Perle.   The Pearl.

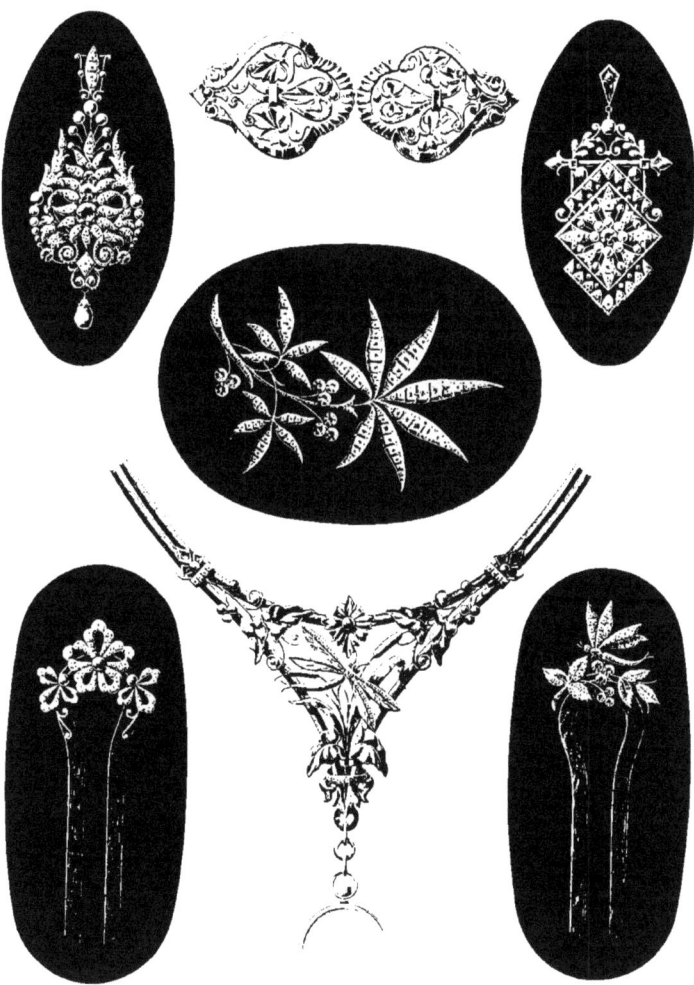

La Perle. Die Perle. The Pearl.

La Perle. Die Perle. The Pearl.

La Perle.   Die Perle.   The Pearl.

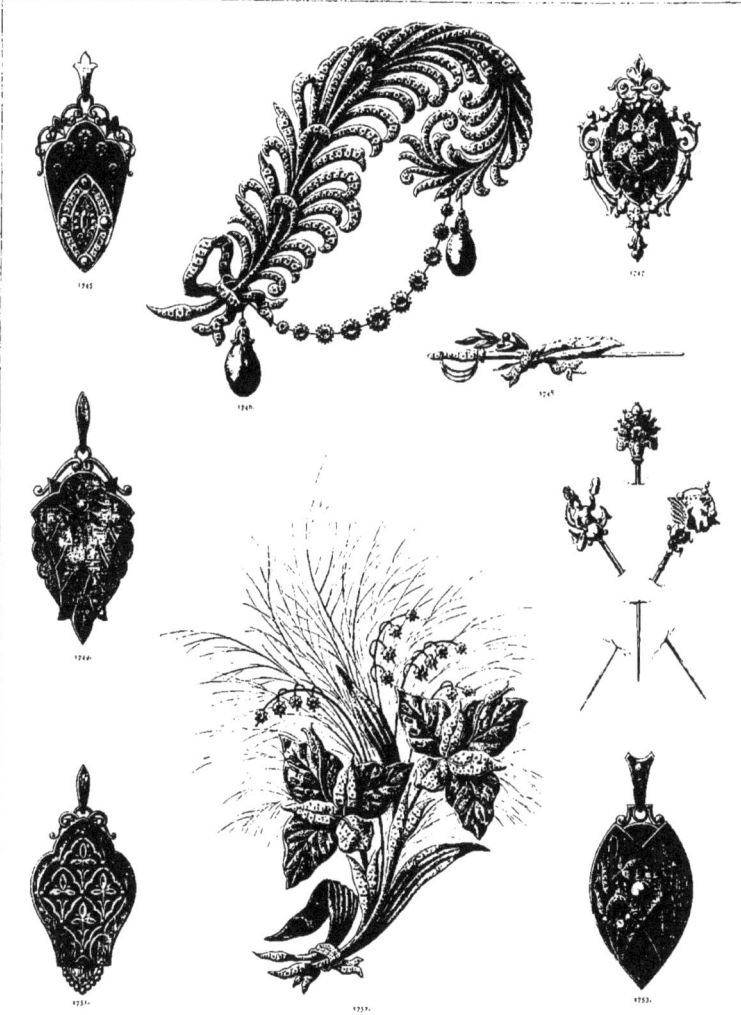

La Perle. — Die Perle. — The Pearl.

Herausgegeben von Martin Gerlach. IV. Jahrgang. Blatt 30. Verlag von Gerlach & Schenk, Wien.

La Perle.   Die Perle.   The Pearl.

La Perle.   Die Perle.   The Pearl.

IV. Jahrgang. Blatt 32.

La Perle.   Die Perle.   The Pearl.

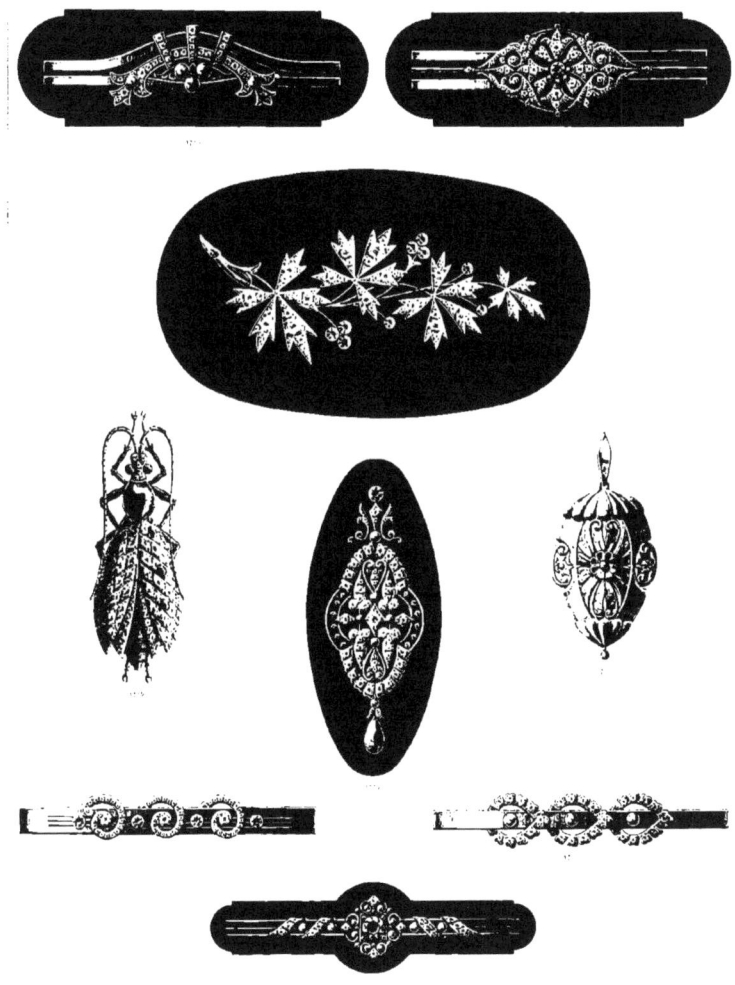

La Perle.   Die Perle.   The Pearl.

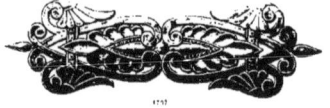

La Perle. Die Perle. The Pearl.

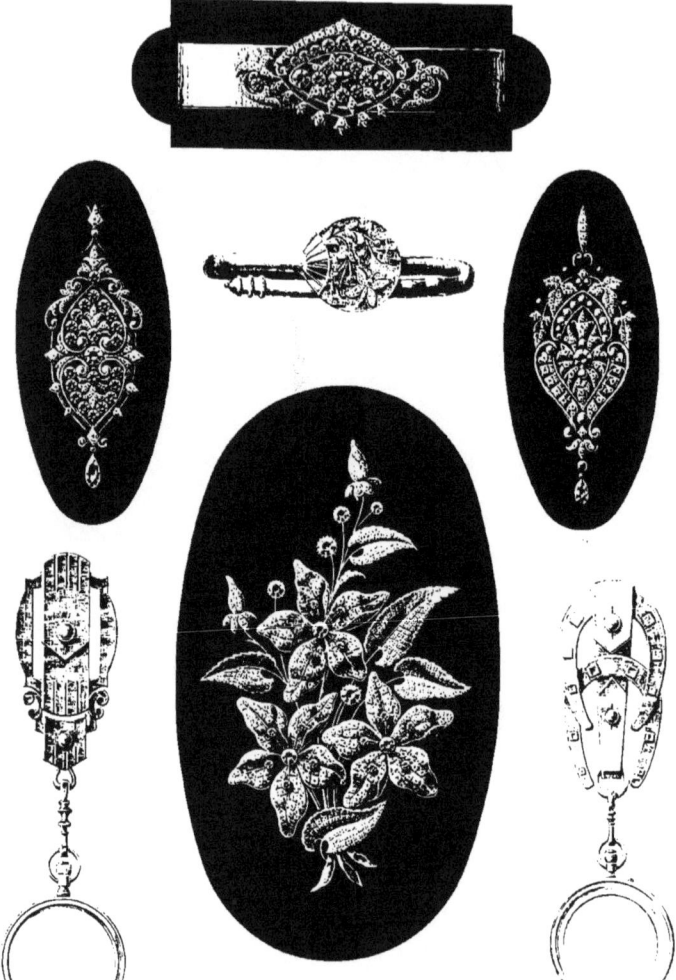

La Perle.   Die Perle.   The Pearl.

Herausgegeben von Martin Gerlach.   IV. Jahrgang. Blatt 37.   Verlag von Gerlach & Schenk. Wien.
déposé.

Die Perle.

La Perle.   Die Perle.   The Pearl.

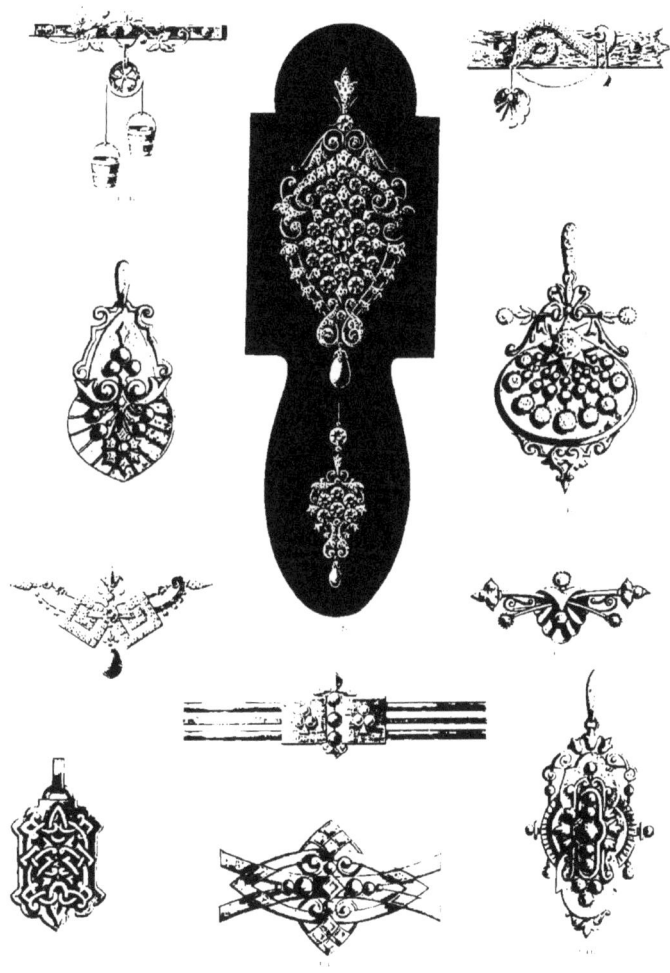

La Perle.   Die Perle.   The Pearl.

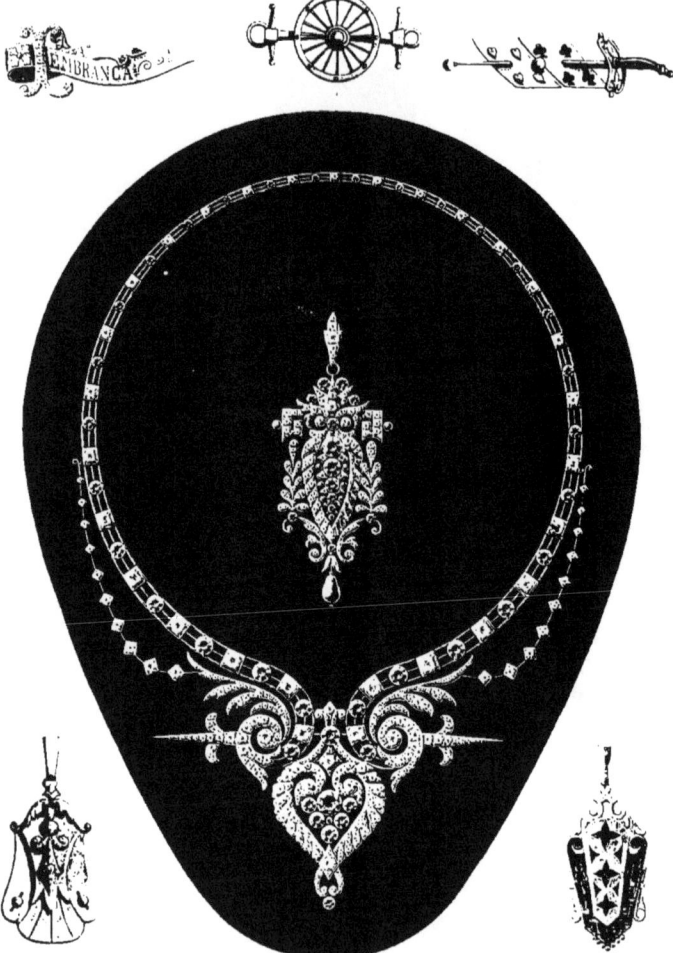

Die Perle.

The Pearl.

La Perle.

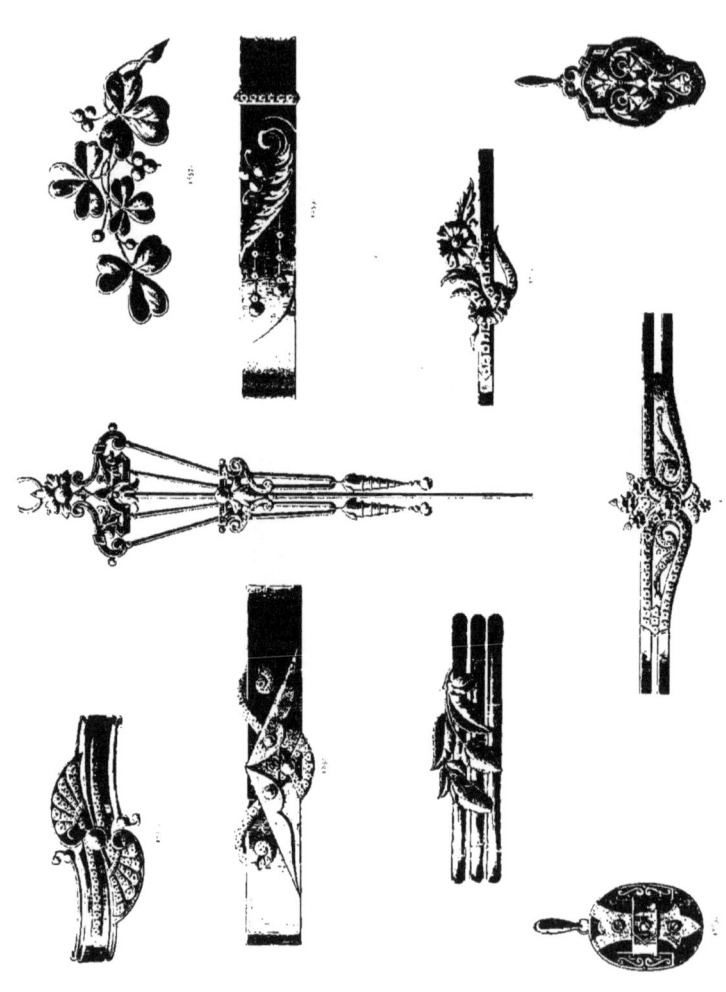

La Perle. Die Perle. The Pearl.

La Perle. Die Perle. The Pearl.

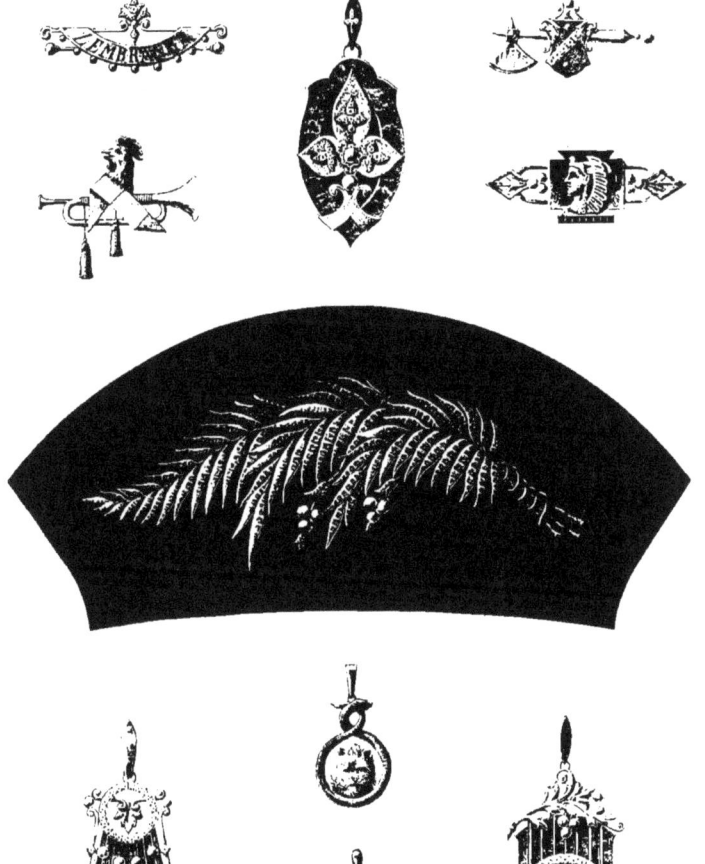

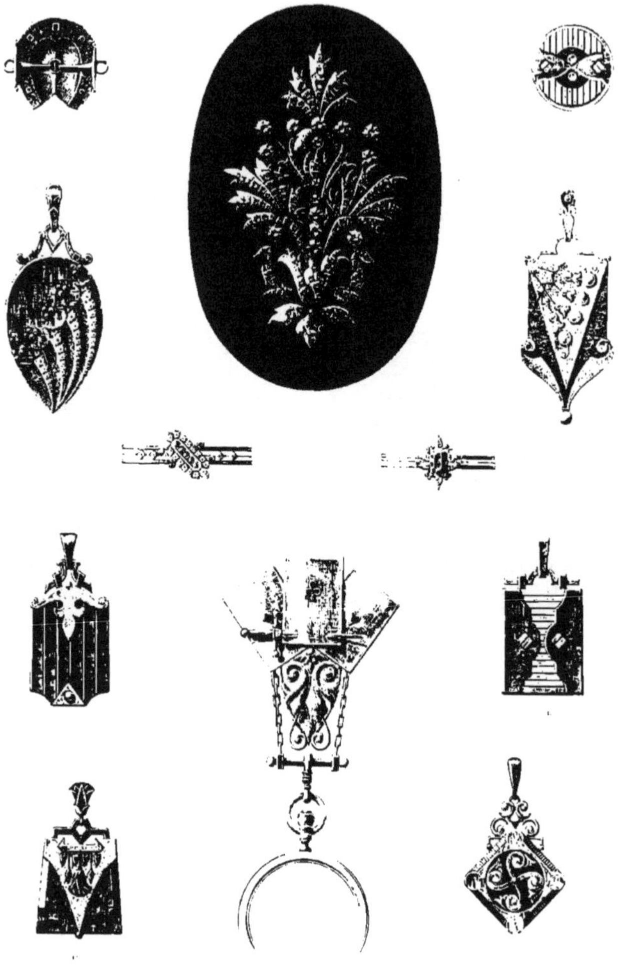

La Perle.   Die Perle.   The Pearl.

La Perle.   Die Perle.   The Pearl.

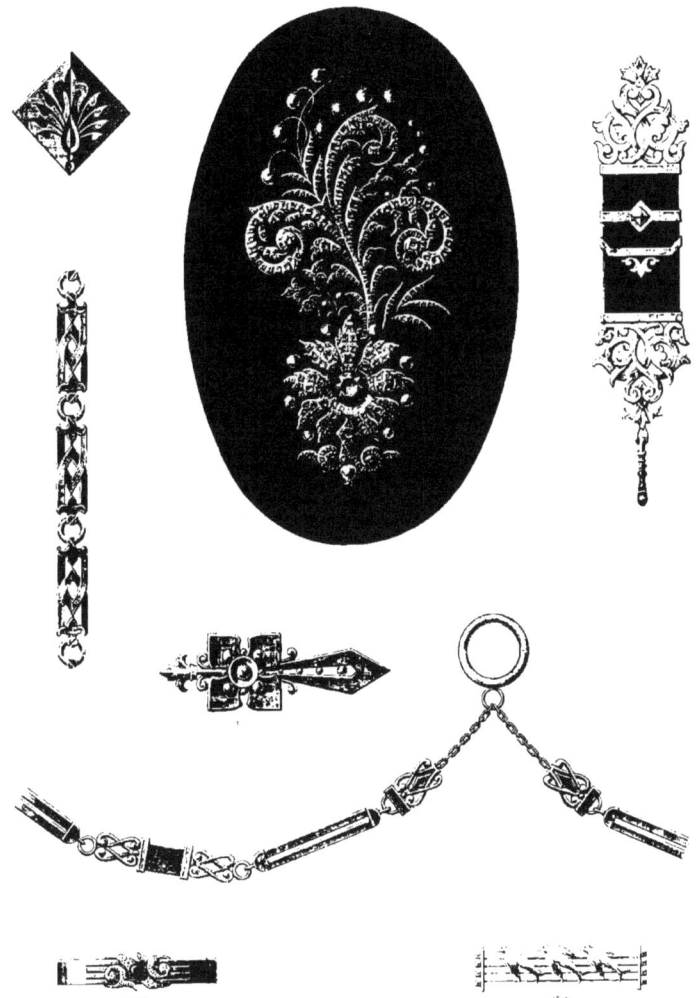

La Perle.   Die Perle.   The Pearl.

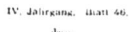

Herausgegeben von Martin Gerlach.   IV. Jahrgang. Blatt 46.   Verlag von Gerlach & Schenk, Wien.

La Perle.   Die Perle.   The Pearl.

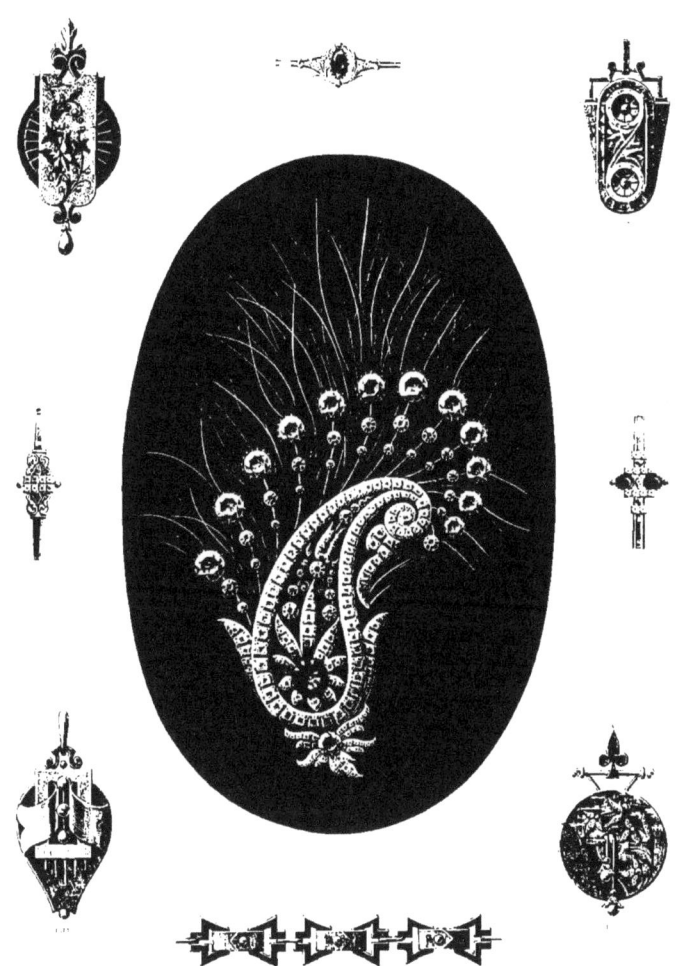